Los cambios de la oruga

por Sherry Shahan
fotografías de Sherry Shahan

 Richard C. Owen Publishers, Inc.
Katonah, New York

Una oruga trepa por el tallo de una planta de algodoncillo.

Come y come la hoja del algodoncillo.

Come, come y come.

Un buen día, la oruga deja de comer.
Se coloca cabeza abajo
y cambia.

La oruga cambia y se convierte
en una pequeña baya verde.
Ahora es una crisálida.

La oruga cambia . . .

y cambia.

¡Ahora es una mariposa!